reflexões noturnas

reflexões noturnas

Eduardo Lima

Noturnas

O LADO OCULTO DE EXU

Rio de Janeiro | 2020

Texto © Eduardo Lima, 2019
Direitos de publicação © Editora Aruanda, 2020

Direitos reservados e protegidos pela lei 9.610/1998.

Todos os direitos desta edição reservados a
Fundamentos de Axé
um selo da EDITORA ARUANDA EIRELI.

2ª reimpressão, 2024

Coordenação Editorial Aline Martins
Preparação Islaine Lemos
Revisão Letícia Côrtes
           Editora Aruanda
Design editorial Sem Serifa
Imagens da capa AlxeyPnferov/iStock
                   Fourleaflover/iStock
Impressão Gráfica JMV

Texto de acordo com as normas do Novo
Acordo Ortográfico da Língua Portuguesa
(Decreto Legislativo nº 54, de 1995)

Dados Internacionais de Catalogação na Publicação (CIP)
Agência Brasileira do ISBN
Bibliotecário Vagner Rodolfo da Silva CRB-8/9410

L732r Lima, Eduardo
       Reflexões noturnas: o lado oculto de
       exu / Eduardo Lima. – Rio de Janeiro,
       RJ: Fundamentos de Axé, 2020.
       128 p.; 13,8cm x 20,8cm.

       Inclui bibliografia.
       ISBN 978-65-87708-03-4

       1. Religiões africanas. 2. Quimbanda.
       3. Não-ficção religiosa. I. Título.

                                    CDD 299.6
2020-1596   CDD 299.6

Índice para catálogo sistemático:

1. Religiões africanas 299.6
2. Religiões africanas 299.6

[2024]
IMPRESSO NO BRASIL
https://editoraaruanda.com.br
contato@editoraaruanda.com.br

No alto da Lapa,
onde o malandro vivia,
gingava, jogava, sorria,
amava, brigava e batia.

Um dia, pelo amor mudou.
Um dia, pelo amor lutou.
Um dia, pelo amor viu
que tudo valia.
Pelo amor, um dia,
a felicidade sorria!

Ao meu grande amigo de todas as horas, seu Zé Malandro das Sete Encruzilhadas, que a cada dia me conduz de forma primorosa no caminho da espiritualidade, ensinando, corrigindo e ajudando nas lutas diárias da vida.

AGRADECIMENTOS

Agradeço à minha mãe, Rosa, e à minha esposa, Debora, pela paciência e pelo carinho.

Agradeço a todos os irmãos da Corrente L.T.J 49.

Agradeço, em especial, a meus mestres e amigos Danilo Coppini e Priscila Coppini, que me ensinam e conduzem de maneira sublime.

Por fim, agradeço a toda a minha ancestralidade — meus senhores exus e minhas senhoras pombagiras — por me ajudar a chegar até este momento da vida, por me conceder tamanha responsabilidade e por permitir a realização deste grande sonho.

Salve todos os reinos da Quimbanda!

LAROIÊ, EXU!

PREFÁCIO

Sempre que escrevo ou falo sobre o culto de exu e pombagira, inevitavelmente, minhas lembranças emanam e um filme sobre minha vida passa em minha mente.

A decisão de romper grilhões nunca é fácil, pois exige um árduo processo de reabilitação física, mental e espiritual que, literalmente, modifica todo o entorno.

O mundo é um local complicado. Energeticamente, existem fluxos dominantes que limitam e restringem nossos pensamentos. Toda vez que decidimos ir de encontro a qualquer um desses fluxos, a força contrária não se equilibra. Viver a Quimbanda brasileira é entender e superar essa engrenagem.

Como explicar às pessoas que eu — mulher, mãe, casada, formada em dois cursos superiores — abandonei os fluxos societários para me dedicar exclusivamente ao culto de exu? Não preciso relatar o quanto fui discriminada e excluída, porém uma chama dentro de meu espírito inflamava, erguia minha cabeça e mostrava que, enquanto as pessoas se incomodavam com minhas escolhas, eu estava me libertando das correntes que as prendem e que me prendiam. Esse sentimento me ensinou que exu e pombagira são mestres da liberdade em sentido amplo.

Junto com meu esposo, Danilo Coppini, trilhei o caminho da Quimbanda brasileira. Quando digo "brasileira", não estou criando uma nova origem, e sim ampliando as fontes de aprendizado. Afinal, nosso país é tão culturalmente rico que os focos de resistência que encontramos espalhados em nossa terra concedem-me, até hoje, aprendizados valorosos que aplico em minhas engrenagens espirituais.

Minha regra de vida é aprender sempre! Todavia, minha vida, minhas regras. Essa lei está gravada em meu espírito e, até a presente data, caminho segundo ela. Aprendi a ser assim com minha senhora, Dama da Noite. Como explicar a relação com um espírito que está muito além das máscaras que as pessoas colocam em seu rosto lunar? Tenho tanto a agradecer a exu e a pombagira, tanto a aprender e a viver por meio do contato com esses mestres, que minha primeira palavra ao acordar é "laroiê" e ao me deitar é "jurupandê".

Tornei-me zeladora, responsável pelo *Templo de Quimbanda Maioral Beelzebuth e Exu Pantera Negra*. Jamais imaginei que um simples *blog*, escrito por meu marido, modificaria tanto a minha vida. A Quimbanda viajou o mundo, chegou em lugares inusitados por meio de nossos livros, pontos-cantados, pensamentos escritos e fotos. Sou uma mulher realizada, mas ainda ambiciono crescer e evoluir. A Quimbanda brasileira, apesar de não ser uma religião — como algumas pessoas gostam de tipificar —, é o caminho que escolhi para me religar aos antepassados. Cada vela acesa é uma nova viagem.

Todo esse esforço criou uma egrégora, que age como um vórtice capaz de atrair pessoas que estão passando pelos mesmos processos evolutivos. Uma dessas pessoas foi o autor deste livro, Eduardo Lima. O que ocorreu dentro dele está expresso nestas páginas e, sem medo de errar, sei que isso é apenas a primeira chama despertando. Outros livros por ele escritos mostrarão como o nosso credo é capaz de modificar vidas, conceder gnoses e transformar pessoas. Eduardo, filho da malandragem de Zé, disciplinado por intermédio da força de Tranca-Ruas e do Povo das Almas, é o reflexo da explosão que ocorre em quem permite a alimentação dos caldeirões sem fundo.

A cada parágrafo, o leitor irá se deparar com o processo de transformação expresso. Felizmente, esse querido adepto cresceu, dolorosamente arrancou a máscara que o fazia infeliz e incompleto e foi abençoado pelas forças de sua santidade Maioral, o grande espírito da primeira encruzilhada de fogo.

Este é o primeiro passo de Eduardo, mas um grande presente aos leitores. Uma serpente precisa trocar de pele para se tornar mais bela, e foi isso que o escritor deixou bem claro neste livro. Vida longa à Quimbanda, ao culto brasileiro de exu e pombagira, à macaia dos poderosos mortos e a todos que apoiam esse guerreiro.

Força e honra! Laroiê, exu! Exu foi, é e será, eternamente, nosso caminho!

— Priscila Coppini —
Sacerdotisa do *Templo de Quimbanda*
Maioral Beelzebuth e Exu Pantera Negra

INTRODUÇÃO

Todas as experiências que vivi até hoje me trouxeram até este exato ponto de minha caminhada espiritual: diante destas páginas, imerso em palavras e frases de efeito que impactaram e sensibilizaram minhas escolhas e minha realidade neste mundo.

Desde que ingressei na espiritualidade e passei a estudar mais a fundo as doutrinas das religiões e os ensinamentos dos espíritos, algo interessante desabrochou em meu ser, e esse sentimento cresceu mais e mais dentro de mim a cada dia. Com isso, surgiu a necessidade de escrever tudo o que de alguma forma me inspirava e me motivava a crescer e a evoluir.

O que pareciam simples publicações de redes sociais tornaram-se a realização de um grande sonho que eu ensaiava realizar havia tempos. Esses pensamentos e reflexões são partes de todo um trabalho de aprendizado junto aos espíritos que, amorosamente, me conduziram nas sendas do lado oculto e me ajudaram a desvendar esse magnífico mistério que é exu.

Tenho a certeza de que o leitor que aceitar participar dessa jornada através das páginas, de alguma forma, se reconhecerá nos ensinamentos e vivências descritos e poderá sentir a força e a energia de exu tocando o mais profundo de seu ser.

SEJA BEM-VINDO, GUERREIRO!

O BOM MALANDRO

Não poderia começar este projeto sem primeiro falar da força que sempre me impulsionou na vida e que esteve comigo em todos os momentos da caminhada.

No começo de minha jornada espiritual, quando fui iniciado na Umbanda por minha primeira sacerdotisa — por quem tenho grande apreço — conheci seu Zé Pelintra.

Lembro-me daquele dia como se fosse hoje: seu Zé falou algumas palavras que tocaram meu coração e, principalmente, minha alma; dessas palavras, jamais me esqueci. Sempre que preciso, elas voltam à mente para me fortalecer e me lembrar do que realmente vale a pena: "A vida é difícil, mas pode ser boa!".

É incrível como simples palavras tocaram tão fundo e mudaram, daquele dia em diante, o rumo de minha trajetória. A energia dessas palavras dividiu minha jornada em dois momentos: antes e depois da Umbanda.

Alguns dias se passaram e fui convidado a participar das sessões de desenvolvimento. Logo na primeira sessão, conheci a força de meu mestre, mentor e guia: seu Zé Malandro das Sete Encruzilhadas.

Fui agraciado duas vezes: uma no primeiro contato com seu Zé Pelintra e outra quando descobri trazer um malandro em minha coroa.

Os anos se passaram, mas nunca me esqueci de onde vim, quem me tornei e como cheguei até este momento sublime, relatando e compartilhando um acontecimento tão importante.

Saravá, seu Zé, por todos os dias que tem cuidado de seu filho, por todos os conselhos e por todos os puxões de orelha. Para mim, o mais importante é saber que nunca me desamparou em nenhuma das sete encruzilhadas da vida.

SARAVÁ, SEU ZÉ MALANDRO!

VIVA A GIRA DOS MALANDROS!

Quando falamos de Zé Pelintra e da Linha dos Malandros, falamos de uma classe de espíritos que são muito queridos por todos, que gostam de um abraço apertado e que, acima de tudo, prezam pela alegria. Por nada perdem uma festa.

São mestres que, com seu jogo de cintura, nos ensinam a driblar os obstáculos e a superar os problemas. Por mais difícil que possa parecer, os malandros nos mostram que a última cartada é sempre a decisiva para que ganhemos o jogo da vida.

Por algumas casas de Umbanda pelas quais passei e visitei, sempre me questionei por que não havia uma gira específica para seu Zé Pelintra e a Linha dos Malandros, visto que são entidades tão adoradas.

Geralmente, seu Zé vinha trabalhar na Linha dos Baianos e não perdia uma gira de exu. Abrilhantava o ambiente com sua dança e seu gingado característicos, dava consulta, conversava e fazia a alegria de todos.

Ao longo dos anos, percebi que muita coisa foi mudando e que o malandro passou a ser muito mais valorizado dentro do culto, ocupando o lugar que lhe é de direito. Porém, a humildade e a simplicidade daquele que nunca questionou e nunca cobrou por seu espaço continuam as mesmas. A cada dia, esse grande mestre vem conquistando muito mais pessoas com sua alegria e seu enorme coração.

VIVA A GIRA DOS MALANDROS!

UM TAL ZÉ MALANDRO

Há pouquíssimo tempo, vivi uma das situações mais inusitadas de minha vida espiritual. Tive a oportunidade de conhecer um Zé Malandro da mesma Linha do meu. Foi uma experiência incrível poder conversar com aquela entidade e absorver todo o conhecimento transmitido.

No trabalho, passava por uma situação estressante e desafiadora que estava tirando meu sono. Não sabia bem o que fazer ou como me portar. Tinha que entregar um projeto que estava me custando algumas noites e os finais de semana, deixando-me impossibilitado de participar das giras, pois precisava terminá-lo. Uma coisa que me tira do sério é perder um dia de trabalho espiritual, perder os ensinamentos dos espíritos, não sentir o coração pulsar mais forte com a batida do tambor, não sentir o cheiro de defumação e não participar do convívio com os irmãos.

Nesse cenário, certo dia, consegui ir à gira e, para a minha surpresa e alegria, um irmão muito querido trouxe a força de seu Zé Malandro. Incorporação forte, seu Zé já chegou sorrindo e fazendo festa. Quando ele começou a cantar, percebi que era da mesma Linha que o Zé que tenho em minha coroa. Não perderia a oportunidade de falar com ele.

Começamos a conversar sobre vários assuntos e, em seguida, falei sobre o quanto minha vida no trabalho estava estressante. Seu Zé Malandro olhou no fundo de meus olhos, tomou um gole de marafo, apreciou o charuto e disse: "Filho, em festa de cobra só entra quem tem veneno". Depois, saiu dançando e gargalhando.

Naquele instante, entendi que, às vezes, precisamos parar de reclamar da vida e aceitar que nem sempre conseguimos mudar as coisas de imediato, mas podemos ter uma atitude vencedora e enfrentar os problemas com determinação, de cabeça erguida, assim como a cobra faz com seus inimigos.

SALVE, SEU ZÉ MALANDRO!

CONSELHO DO MALANDRO

Aprenda a driblar os obstáculos que a vida lhe impõe sempre com confiança e um sorriso nos lábios. Se tudo na vida tem um começo e um fim, inclusive a passagem por este mundo, nenhuma dor é eterna.

Quando tudo é alegria, o sorriso vem fácil, ele já nasce naturalmente na face; mas sorrir e ter fé quando as coisas andam meio de lado é só para quem tem ginga.

reflexão 1

A malandragem ensina que devemos
ser maleáveis, espertos e atentos
àquilo que acontece ao nosso redor.
Abra os olhos e veja o mundo – tudo
de bom que ele pode oferecer. O que
não for de nosso merecimento, a vida
se encarregará de levar embora.

norância, desvendem-se os mistérios mais ocultos e nossa mente se abra para recebê-la.

Quando falamos de exu, estamos falando de uma divindade ou entidade misteriosa aos olhos daqueles que não tiveram a oportunidade de desvendar essa força tão maravilhosa. Repletos de conceitos e preconceitos — que geram incontáveis debates —, perdem a chance de adentrar em um mundo diferente, de expandir suas consciências e de conhecer aquele que, ao longo de toda a história ancestral, luta ao lado de seu povo, abrindo as encruzilhadas e os caminhos. Exu é um mistério que precisa ser conhecido por aqueles que o cultuam — com amor, verdade e honra — e por todos.

Nas próximas páginas, trago reflexões e pensamentos que me foram intuídos pela espiritualidade e que formulei ao longo de toda a minha jornada. Vamos falar sobre Quimbanda e quem é exu: se é o diabo, e o que sua força titânica representa para os guerreiros que desvendaram esse grandioso mistério que está oculto somente aos olhos dos que não o conhecem.

LAROIÊ, EXU!

VOCÊ NÃO ESCOLHE A QUIMBANDA, ELA ESCOLHE VOCÊ

Liberdade era o sonho de nossos ancestrais negros, indígenas e feiticeiros europeus que sucumbiram diante de seus algozes em meio às chibatadas que cortavam seus corpos e dilaceravam suas almas. A caçada aos indivíduos que lutavam por liberdade e pelo direito de reconhecimento como seres humanos era brutal. Qualquer manifestação contrária era reprimida com encarceramento e com vozes e ideais queimados junto aos corpos nas fogueiras ardentes.

Hoje, temos a oportunidade de louvar esses poderosos guerreiros e agradecê-los pela sabedoria a nós confiada e pela merecida liberdade conquistada. Ainda que ocultos, vivendo à margem da sociedade e dos cultos religiosos dominantes, desfrutamos de um cenário com liberdade de expressão e religiosa, direitos tão sonhados havia tempos.

Cultuar a força ancestral de nossos poderosos mestres — que utilizam máscaras de exu e pombagira para continuar o grandioso embate contra um sistema escravista — é, acima de tudo, ter a certeza de que na veste negra estão representados a ancestralidade sofredora, o "legado dos caldeirões e o resultado da evolução tribal que não perdeu a chama da vingança" (COPPINI, 2015a, p. 26). Nossos mestres exus continuam a mostrar ao mundo a força de sua santidade Maioral por meio da Quimbanda.

Atualmente, embora não estejamos mais submetidos ao cárcere físico, percebemos que muitas pessoas carregam um jugo pesado: são escravas de seus próprios pensamentos. Nos campos das ideias e da religiosidade, devemos travar as batalhas necessárias para que nossa voz seja ouvida nos quatro cantos do mundo. De acordo com essa ótica, a Quimbanda, desde suas raízes até os dias atuais, propaga o conceito de que cada indivíduo é livre em todos os sentidos, pois o objetivo de nosso trabalho é disseminar os ensinamentos de exu, em suas variadas fomas e cultos, e a liberdade é uma das características inerentes a esse arquétipo.

Os escolhidos da Quimbanda são pessoas guerreiras e sonhadoras que lutam por uma causa e trazem em seu DNA a marca da ancestralidade que venceu e que nos brindou, no mundo da matéria, com o melhor de todos os presentes: a Quimbanda é e sempre será a religião da liberdade.

A IMPONENTE VESTE NEGRA

Apesar de ser conhecida no Ocidente como a cor do luto e da morte, o preto também tem muitas conotações positivas. Ele inspira dinamismo, modernidade, simplicidade e força.

— Neil Patel —

Todos os cultos — sejam eles cristãos, afro-brasileiros, orientais ou quaisquer outros — possuem vestimentas de diversas formas, cores e possibilidades, cujo principal objetivo é transmitir, por meio da linguagem visual, a ideia de pertencimento a uma religião, doutrina, crença ou, mesmo, representar o ser como indivíduo único ou exclusivo.

Considerando a simbologia das cores, o preto está associado aos conceitos de força, formalidade, mistério e curiosidade. No Egito Antigo, era considerado a cor da ressurreição e da vida eterna, pois os egípcios acreditavam que a vida emergia da escuridão. A cor preta também simboliza a energia telúrica; é o vácuo onde se forma a luz; e representa a raiz da energia dos ancestrais.

Na Quimbanda, a imponente veste negra transcende a aparência física, o ego e a vaidade humana quando se apresenta em culto religioso. Mesmo sendo uma vestimenta despretensiosa e de cor única, tem alto grau de representatividade perante a sociedade, pois impacta os olhos curiosos daqueles que desconhecem o culto com profundidade.

A veste negra prega o despreendimento de tudo que se opõe aos valores espirituais mais importantes da Quimbanda — no comportamento, nas crenças, nas ideias, nas atitudes e, principalmente, na maneira de pensar e agir perante os ensinamentos de exu.

Todo o legado ancestral é representado por essa vestimenta. A intensidade da cor preta transmite os anseios e desejos daqueles que um dia proclamaram, por meio do sangue derramado, a independência e a continuidade de um povo, sua sabedoria e sua causa.

OS ESCOLHIDOS DA QUIMBANDA

Para usar a veste negra, não é necessário ser predestinado, ter belos olhos ou um alto valor monetário na conta bancária. É preciso ser escolhido! Isso significa que quem a usa é merecedor, ou melhor, é digno da Quimbanda. Caráter, honestidade, lealdade, força e honra são as diretrizes do caminho do conhecimento acerca de exu.

A ancestralidade sempre conduzirá o indivíduo para a luz da sabedoria. Foi esse caminho, uma via bastante estreita, que os grandes guerreiros do passado trilharam para se tornarem o que hoje, intimamente, almejamos ser no futuro.

Nossa ancestralidade é como a copa de uma árvore de galhos fortes, aparência robusta e frutos suculentos que despertam nossos sentidos para consumi-los. No entanto, são as raízes — ocultas da vista dos desejosos que por ela passam — que sustentam essa árvore de aspecto forte.

Nesse sentido, quando observamos a grande quantidade de pessoas que gostaria de adentrar a Quimbanda, é importante refletir sobre como estão as raízes delas. Já sentiram o despertar da ancestralidade em seu íntimo? Conhecem a causa primordial do trabalho de exu dentro do culto de Quimbanda? Estão dispostas a assumir um compromisso com a espiritualidade ancestral? Essas e outras perguntas nos levam a pensar se as raízes dessas pessoas estão fortes o suficiente para sustentar o grandioso e belo trabalho realizado pelos mestres exus e pombagiras.

A partir dessas considerações, acreditamos que a Quimbanda possa ser um caminho difícil para os fracos, mas não para os merecedores — os verdadeiros guerreiros que anseiam pela busca da iluminação através da simbiose negra, que encaram as dores e dificuldades da vida como combustíveis impulsionadores rumo ao sucesso na escalada espiritual.

O CULTO DE QUIMBANDA

Quando falamos de Quimbanda, não estamos nos referindo ao culto à esquerda de outras religiões. Falamos de uma Quimbanda independente, que possui ritos e liturgia próprios, deidades e maneiras de trabalho também específicas. Falamos da Quimbanda ancestral, cujos ensinamentos são provenientes dos negros escravizados, dos indígenas donos da terra e dos feiticeiros europeus que, na época da grande caçada,* se camuflaram para garantir a sobrevivência de seu povo. Essa é a Quimbanda que nos ampara e nos sustenta a cada dia, trazendo-nos luz, direcionamento e vivência. Vivenciar o culto é estreitar o relacionamento com os mestres exus e pombagiras e com os irmãos de caminhada espiritual.

---

* Apesar de este ser um termo pouco utilizado pelos historiadores, refere-se à Inquisição. [Nota da Editora, daqui em diante NE]

Essa forma peculiar de atuação na Quimbanda exige que os ensinamentos sejam vivenciados, ou seja, não basta a bagagem teórica apreendida por meio de livros, apostilas e cursos, pois os maiores segredos são absorvidos pelos adeptos a partir de sua assídua presença ao culto. Os conhecimentos mais importantes são transmitidos oralmente, preservando uma cultura milenar de transferência de sabedoria aos membros da corrente.

Aqui, não pretendemos abordar questões inerentes à ritualísticas do culto — nem poderíamos —, apenas ressaltamos a importância da vivência e das experiências para o quimbandeiro, sejam elas transmitidas pelos mestres encarnados ou pelos espíritos.

Dessa forma, assumir um compromisso com a espiritualidade não é somente estar de corpo presente nos dias de gira, mas adotar uma postura de respeito para com a ancestralidade e a luta travada por ela para que esse conhecimento chegasse a nós.

Tenha sempre em mente: estar presente nos dias de trabalho espiritual é primordial.

CONSCIÊNCIA RELIGIOSA

> Quem não sabe o que busca,
> não identifica o que acha.
>
> — Immanuel Kant —

Consciência religiosa é fundamental no culto de exu! Mas o que isso quer dizer?

Somos os responsáveis por zelar e cuidar de nosso culto, de nosso templo interior e de nossa relação com os mestres. A consciência religiosa não permite que, uma vez por semana, adentremos em um templo e achemos que está tudo bem, que nosso papel perante a espiritualidade está feito. Isso seria impossível dentro do culto de Quimbanda.

Desejamos todas as benesses que exu pode nos proporcionar. Portanto, não é com migalhas de devoção que agraciaremos e cultuaremos essa força tão maravilhosa.

Consciência religiosa é se doar por inteiro aos nossos mestres, ao alicerce de nossas vidas, àqueles que fazem por nós o que ninguém mais seria capaz. É, acima de tudo, despertar a fé em nosso interior e ter a certeza de que cada ritual do qual participamos no templo é um marco, um diferencial de vida, um novo norte que nos conduz a uma realidade diferente, de muita paz, luz e sabedoria.

Que tenhamos a certeza de que nossa busca pela evolução e pelo despertar somente será bem-sucedida se estivermos conscientes de que somos parte do todo e de que estamos amparados pela força sublime de exu e pombagira.

CRIE SEU CULTO PESSOAL

Estabelecer uma rotina de contato mais profundo com suas forças é fundamental para o aprendizado, o direcionamento e o crescimento espiritual.

É muito importante ter um altar pessoal para que se aprofunde o contato com os espíritos. Isso também cria sentimentos de religiosidade e respeito mais intensos com relação aos mestres. Estabelecer uma rotina para louvá-los e agraciá-los é demonstrar a importância que exu e pombagira têm em sua vida, mesmo frente às turbulências da rotina diária.

Muitas vezes, agimos de forma automática, nos tornamos inertes devido aos problemas da vida. Trabalho, estudos e tantas outras atividades roubam nossa energia e nos distanciam do culto pessoal. Todavia, esse é o momento em que mais precisamos buscar forças em nosso interior e nos aproximar de nossos mestres.

Tenha zelo ao cuidar de suas firmações* e assentamentos. Não reproduza rituais automáticos, que nada agregam ao relacionamento entre você e as entidades. Utilize esse momento para a reflexão, para absorver tudo o que exu pode transmitir e ensinar. Medite!

---

* Também denominadas "firmezas". [NE]

MEDITAÇÃO NA QUIMBANDA

Meditar e iluminar-se não é para seres especiais, raros, mas para pessoas como nós, que temos as nossas ansiedades, nossos medos, nossas aflições.

— Monja Coen, 2018 —

Meditação é uma das maneiras pelas quais o adepto pode se relacionar mais intimamente consigo mesmo, expandindo sua consciência e buscando o conhecimento de seu eu interior.

As práticas zen-budistas são bastante recomendadas, sendo o *zazen** a principal forma de meditação. Praticar o *zazen* é ir em busca de nossa existência no íntimo de nosso ser.

---

* Resumidamente, o *zazen* é um método sutil no qual os indivíduos, sentados, abrem suas mentes, deixando os pensamentos fluírem livremente, sem apego ou cerceio. [NE]

Trazendo esse ensinamento para o mundo quimbandeiro, podemos dizer que, contemplando-se as sombras mais ocultas, a luz brilha em nossa vida e grandes mudanças — tanto energéticas quanto comportamentais — ocorrem para corroborar o trabalho dos senhores mestres da evolução.

Além desses benefícios, a meditação é uma maneira muito eficaz de se estabelecer um contato e um relacionamento com os senhores exus e as senhoras pombagiras. A meditação abre caminhos para várias possibilidades de aprendizado e de gnoses que podem ser transmitidos durante esses mergulhos profundos no silêncio da mente.

Aderir a essa prática diária pode amplificar nosso trabalho como médium e nos ajudar a evoluir como pessoa, pois fortalece a corrente e a egrégora nas quais estamos inseridos.

DESVENDANDO O LADO OCULTO DE EXU

Interessante pensar que exu tem um lado oculto, não é? Mas como é possível cultuar e venerar uma força cercada de mistérios ocultos?

Quando me deparei com esse tema e comecei a refletir mais detidamente a respeito dele, o primeiro pensamento que me veio foi "qual é o lado oculto de exu?". O termo "oculto" denota algo escondido, encoberto, desconhecido ou inexplorado. Controverso, não acha?

A mente humana possui uma grande capacidade de criar dogmas e conceitos para aquilo que julgamos distante de nosso entendimento; tudo o que, a princípio, desconhecemos. O novo é visto como uma ameaça que precisa ser separada para que, aos poucos, seja explorada mais cuidadosamente e, só então, seja arrancado o véu da ig-

reflexão 11

A ancestralidade sempre nos conduz
ao nosso caminho, à nossa vertente de
origem. Não importa o tempo que passe,
um dia encontraremos nossa essência!

QUEM É EXU?

> abordar os exus na Umbanda é algo delicado porque, no inconsciente de muitos, eles personificam algo negativo e terrível.
>
> — Rubens Saraceni, 2014 —

Neste livro, não pretendemos explicar os conceitos mais elaborados e enriquecedores acerca de exu e de sua personalidade; apenas, apresentar de forma simples e direta alguns conceitos de exu.

Seja na Umbanda, seja na Quimbanda, quando tentamos explicar a outros — principalmente aos que não compartilham de nossa fé — acerca de exu, sempre o fazemos de forma discreta, cheia de dedos e meias-palavras para que entendam esse grande mistério da forma mais correta possível.

Exu é o espírito da liberdade e da contrariedade. Sem amarras, ele não compactua com um sistema engessado e enganoso de acordo com o qual somos escravos de nossos próprios atos por toda uma vida ou por toda a eternidade. É o anseio de liberdade que reside em cada um de nós e que se manifesta a cada vez que nos libertamos dos grilhões mentais que nos prendem à escuridão da ignorância.

Para muitos, exu é um amigo leal; para outros, é um compadre pronto para ajudar nos momentos de necessidade e de dor. Contudo, ele é aquele que fala o que deve ser dito — sem rodeios ou meias-palavras, sempre direto ao ponto. Sem se importar com o que as pessoas desejam ouvir, exu diz o que é preciso para que elas assumam uma nova postura diante da vida, mudem seus pensamentos e suas atitudes, alterando determinado padrão energético e despertando novos seres dispostos a encarar, com um sorriso nos lábios, a nova realidade que surge.

Esse é exu em sua forma mais simples e pura.

EXU, MESTRE DA ESCURIDÃO

Exu já atingiu toda a evolução necessária e justamente por isso é que lhe é permitido voltar à Terra através da incorporação para trabalhar prioritariamente pelo bem individual de seu médium.

— Diego de Oxóssi, 2015 —

Chamamos de "mestre" o exímio conhecedor de determinado assunto, tarefa ou doutrina. Recebe o título de mestre aquele que já passou por várias etapas de conhecimento, diversos rituais de iniciação e está plenamente capacitado a ensinar e a deixar a marca de seu legado na história da humanidade.

Os senhores exus e as senhoras pombagiras, denominados aqui "mestres da escuridão", estão muito além das etapas citadas. Esses protetores já transcenderam toda a escalada na matéria e já estão plenamente capacitados a seguir um grandioso caminho na via obscura. Podemos dizer, com toda a certeza, que a alcunha de mestres, nesse caso, cabe com toda a propriedade que lhes é de direito.

Sabemos quem são os exus e conhecemos suas forças, não por meio de teorias mirabolantes, mas devido à intensa vivência e ao relacionamento constante que temos com esses poderosos espíritos.

Sobre esse tema, o que devemos considerar é a importância de exu na vida de cada um de nós: de quem o cultua fielmente, de quem acredita em seu poder com toda devoção e, principalmente, de quem acredita que exu é muito mais que uma religião, um conselheiro ou um camarada, mas um mestre com o qual se pode contar para buscar a iluminação espiritual.

EXU, MESTRE DA EVOLUÇÃO

Exu é a energia do movimento, das realizações. É quem está mais próximo de nós e conhece nossos anseios e aflições. Assim, seu dinamismo reflete na vida daqueles que o cultuam com fidelidade, lealdade e respeito.

Um mestre da evolução não é "o cara", que dança mais bonito, toma litros de marafo* durante a noite toda e sai aplaudido, por vezes deixando seu filho fisicamente mal. Ao contrário, é aquele que levanta a vida de seu filho, abre sua consciência para a espiritualidade e para o conhecimento. Um mestre da evolução é um agente transformador da existência de seu filho, aquele que torna realidade o que não existe, que transforma um sonho em uma vivência extraordinária.

---

* Em geral, aguardente, mas também pode significar outras bebidas alcoólicas. [NE]

A vida é uma guerra. Ela não permite que os fracos saboreiem o gosto bom da vitória; somente aqueles que carregam em si a repulsa pelo comodismo e pela inércia terão o prazer de brindar o sucesso de sua trajetória com os grandes.

SALVE OS MESTRES DO INVERSO!

EXU, O GRANDE MESTRE

A grandiosidade da obra de exu não pode ser limitada à simples realização de desejos mesquinhos de pessoas egocêntricas que não têm o mínimo compromisso com o objetivo primordial dessa força.

A ideia de que exu seria um escravo de outra deidade — supostamente superior — ou de qualquer encarnado medíocre foge do conceito fundamental da Quimbanda: exu é o grande mestre que atua direcionando o caminho de seus filhos nas sendas da escalada obscura. O compromisso com a grandiosa obra de exu transcende o âmbito das relações comuns. Uma vez que todo relacionamento deve ser pautado no amor, na verdade e na justiça, com nossos mestres não poderia ser diferente, e vai muito além disso.

A obra de exu está centrada na luta contra um sistema que entorpece a mente das pessoas; contra todos os conceitos e doutrinas dominantes que reinam há séculos, levando os indivíduos à miséria e ao cárcere intelectual; contra todo um sistema que conduz exu ao nível mais baixo da pirâmide hierárquica espiritual.

Tudo isso parece controverso diante da maneira como exu é cultuado hoje em dia, não? Mas aí vem a pergunta: quem come primeiro em sua casa? Com certeza, os que primeiro agraciamos são os mais importantes para nós.

Que sempre tenhamos consciência do papel real de exu em nossa vida espiritual: sem exu, não se faz nada!

EXU NÃO É O DIABO

Afirmar que o "Exu não é o Diabo" é muito certo, fácil, tranquilo e claro para todos que conhecem Exu orixá ou entidade, também considerado guia, guardião, amigo e mestre.

— Alexandre Cumino, 2018 —

Servimos a uma força grandiosa e realizadora. Por isso, não podemos nos submeter a doutrinas e ensinamentos que ferem nossa fé e estão distantes de nossa visão de mundo. Não deixemos que deturpem nossa crença!

Em outras épocas, nossos antepassados precisaram se submeter ao jugo judaico-cristão para que os ensinamentos, passados de geração a geração, chegassem até nós. Hoje, temos a liberdade de falar, escrever e postar nas redes sociais sobre exu sem medo de represálias ou ataques por parte de pessoas desequilibradas que não têm o mínimo conhecimento do assunto.

A Quimbanda, como culto religioso, assim como nossos ancestrais, sempre esteve à margem da sociedade, trabalhando no oculto e levantando a bandeira negra a fim de mostrar a força de nossos mestres exus e pombagiras na vida daqueles que são fiéis e leais a eles.

Os quimbandeiros prezam pela pureza do culto, vivenciando e conhecendo os mestres espirituais da forma mais profunda possível, de acordo com o que lhes é permitido. Encarcerados na matéria, o máximo que podemos receber de nossos mestres é apenas um vislumbre de tudo o que está reservado para quando nós rompermos o véu que separa os mundos.

AS PODEROSAS FEITICEIRAS

Nossas ancestrais femininas — feiticeiras, bruxas, indígenas e negras — muito sofreram com abusos, estupros, doenças e toda a sorte de mazelas a elas destinadas e impostas no período da grande caçada.

Nossos problemas atuais, nossas dores e nossas lamentações são muito inferiores ao que essas grandes mestras viveram no passado. Apenas o fato de ser mulher já era um determinante de sofrimento, haja vista a atuação da sociedade machista e patriarcal da época.

Julgadas por seus desvios de conduta, uma vez que não aceitavam viver de acordo com o conceito de moral predominante na época, muitas sucumbiram pelas mãos de seus algozes.

Não podemos apagar o passado, mas, felizmente, temos a oportunidade de receber dessas senhoras — enquanto as cultuamos através das máscaras de pombagira — ensinamentos de magia e feitiçaria. Podemos aprender com seus exemplos de vida e ganhar conselhos preciosos de como percorrer o caminho obscuro. Elas também mostram seu instinto predador e vingativo àqueles que ousam, erroneamente, subestimar seus poderes e sua força de atuação.

SALVE, GRANDES MESTRAS DO INVERSO!

UMA MÃO AMIGA

Quando eu precisei, ó, pombagira
Você veio me ajudar*

Neste momento, muitos estão passando por dificuldades, mágoas e tristezas, sentindo-se abandonados, solitários. Com uma vida atribulada, muitos se sentem como se lutassem uma batalha sem fim. A espiritualidade é tão perfeita que, mesmo nos momentos mais difíceis, sempre temos uma mão a nos ajudar; alguém a nos livrar das trevas do desespero e das amarras do desequilíbrio; e a nos mostrar que, mesmo passando pelo vale da sombra e da morte, não estaremos sozinhos.

Todos, em algum momento da existência, enfrentarão uma fase adversa. Todos tivemos, temos e teremos contratempos, mas existe uma diferença: alguns sabem em quem creem.

* Ponto-cantado (autor desconhecido). [NE]

Falar sobre a força de exu é emocionante porque, desde o início de minha caminhada, bem no começo, a senhora Maria Mulambo muito me ajudou, e continua ajudando até hoje.

> Deste outro rumo à minha vida
> Hoje eu venho te louvar*

---

* Ponto-cantado (autor desconhecido). [NE]

reflexão III

Exu está além de todos os medos,
culpas e fraquezas; está além do
conceito de certo ou errado.
Exu está além de todas as concepções;
além de tudo o que pensamos e
da maneira como agimos.
Quando reverenciamos exu, o fazemos
em nome de seu poder, de sua força
e de sua majestosa grandiosidade.

ALTAR

Em diversas religiões, o altar é o ícone máximo de representatividade do sagrado. É por meio dele que prestamos todo o nosso respeito para com nossas forças e reverenciamos nosso sagrado.

Por tudo o que o altar representa, todo o cuidado que temos nos dias das atividades do templo é fundamental — seja na forma e disposição dos objetos, na limpeza ou na decoração. Cada detalhe deve estar devidamente harmonizado e energeticamente ativado para a realização dos trabalhos.

Prostrar-se diante do altar e bater-cabeça para nossos mestres é uma forma zelosa de demonstrar respeito e exteriorizar amor e carinho por aqueles que nos auxiliam em nossa jornada no caminho espiritual.

Quando estamos diante do altar prestando reverência, temos a certeza de que todo o mundo espiritual se abriu para nós. É um momento único, perfeito em todos os aspectos. Sentir a aproximação do sagrado, a energia percorrendo o corpo e as demais sensações que isso desperta faz com que tenhamos a certeza primordial de que estamos no caminho correto: o nosso caminho — aquele que desperta nossos maiores sonhos e as experiências extraordinárias que vivenciaremos, que faz com que sejamos melhores com quem convivemos e, principalmente, conosco mesmos.

O altar é o local sublime de encontro com nossa ancestralidade dentro do culto de Quimbanda.

SACERDOTE

Sacerdote é, acima de tudo, o representante de uma religião, ministro, oficiante, dirigente, líder e representante, considerado uma ponte entre os adeptos e Deus.

— Alexandre Cumino, 2015 —

Depois que se entra para o culto de Quimbanda, a visão que temos sobre o papel do sacerdote nas religiões muda radicalmente. O sacerdote é aquele que nos proporciona experiências de vida significativas. Além de transmitir o conhecimento acerca do culto, ele nos mostra o caminho que nos conduzirá à nossa evolução.

O sacerdote é respeitado porque enxerga todos como iguais, tratando-os com respeito e dignidade. O sacerdote conduz o culto de maneira primorosa e é responsável por zelar pelo bem-estar dos médiuns da casa. Por isso, deve ter consciência da importância do papel que desempenha, uma vez que transcende os limites do templo e abrange a toda a comunidade.

A imagem do sacerdote representa uma religião ou uma corrente no meio em que está inserida. Assim, seu legado está pautado em como conduz as atividades e rotinas junto aos adeptos, desde temas administrativos até os de conhecimento espiritual mais profundo.

A soberania sacerdotal não deve ser pautada pelo ego, mas conquistada pelo exemplo, pela forma como o sacerdote representa os que o acompanham na escola da vida.

O PAPEL DO MÉDIUM

O médium ou o adepto deve, a princípio, conhecer a religião ou a corrente da qual faz parte, além da casa e das pessoas com quem convive, a fim de aprender diariamente com os mais velhos no culto e ajudar os mais novos que chegam em busca de conhecimento. Também é fundamental respeitar o sacerdote, compreendendo e aceitando, à luz dos fatos, que este é um ser humano, com falhas e defeitos, e que, em algum momento, ele poderá errar.

O papel do médium é zelar por sua casa espiritual como se fosse seu segundo lar, ajudando desde a limpeza do templo até a organização dos artigos decorativos nos dias de gira. Financeiramente, também deve contribuir com a manutenção do espaço sagrado e com a aquisição dos objetos ritualísticos — vivemos em uma sociedade capitalista, e tudo o que fazemos envolve dinheiro.

O mínimo que o médium possa fazer já é algo grandioso, pois, somado à ajuda dos outros membros do grupo, fará uma grande diferença para a casa e, principalmente, para o dirigente espiritual, que saberá que ao seu lado estão pessoas responsáveis e comprometidas com a mesma causa. Quem cuida de seu templo louva o sagrado duas vezes!

É importante que o médium se conscientize de que o templo não se mantém sozinho. Se todos ajudarem e trabalharem em equipe, o grupo inteiro será abençoado.

EQUILÍBRIO

Equilíbrio é um termo utilizado para indicar harmonia, estabilidade e solidez. Neste capítulo, o equilíbrio também é entendido como a busca constante do médium durante as guerras psíquicas travadas em seu interior.

Quando refletimos sobre esses significados e os contrapomos às rotinas que normalmente as pessoas vivenciam — cheias de problemas, falta de dinheiro, de trabalho e, até mesmo, de alimento —, surgem vários questionamentos. Existe médium equilibrado? Diante das adversidades, como um médium se mantém equilibrado? Quando a dor bate à porta, o equilíbrio se sustenta?

Algumas religiões e doutrinas acreditam que somente se atinge o equilíbrio ideal quando se balanceiam as forças da direita e da esquerda, do yin e do yang, da luz e da escuridão, do limiar entre céu e inferno. Elas ensinam que, se vibrarmos apenas para um dos lados — que equiparam ao bem e ao mal —, nos arriscamos a adentrar em um caminho perigoso para o campo mental. Elas não vislumbram outra forma de atuação além da dupla polaridade conceitual: luz e trevas.

Quando cultuamos a força de exu, não estamos sujeitos a essa dualidade. Louvamos forças poderosas que exercem papel fundamental no campo mental, espiritual e físico, direcionando seus adeptos a um perfeito estado de equilíbrio emocional.

Forças dinâmicas (exus) e receptivas (pombagiras) trazem em si as energias positiva e negativa, masculina e feminina, ainda que o culto tenda a apenas um lado: a esquerda.* Nossos mestres exus e pombagiras são perfeitamente capacitados, mais até que outros espíritos de luz, a possibilitar o perfeito estado emocional e psíquico de seus filhos.

Por intermédio da alquimia negra, somos direcionados — espiritual, física e emocionalmente — a alcançar o balanceamento de nossas energias que fatalmente impactam em nossas emoções e comportamentos.

Dessa forma, pode-se dizer que o médium precisa estar sempre se reequilibrando, se reinventando, buscando forças

---

* Na Quimbanda, esse termo não é utilizado. Aqui, ele foi empregado apenas para um melhor entendimento do leitor. [Todas as notas não assinadas são do autor]

com seus mestres para se reerguer das cinzas e se recolocar de pé, firme e forte, para a grande obra destinada a ele.

Ninguém é pleno o tempo todo — nem todo dia nem toda hora —, pois vivemos em uma guerra constante. Assim, estarmos mais próximos de nossos mestres é um fator importantíssimo para a vitória.

Podemos mudar conceitos, valores e atitudes, mas nossa essência sempre gritará mais alto quando precisarmos estabelecer um novo estado de equilíbrio.

CARIDADE

a verdadeira caridade só ocorre quando não há
a noção de dar, de doador ou de doação.

— Buda —

A maior caridade é a praticada conosco mesmos.

Alguém pode questionar: fazer a caridade não é ajudar as outras pessoas sem olhar a quem? Sim, exatamente!

Quando estamos dispostos a fazer a caridade, principalmente por meio do trabalho mediúnico de incorporação, precisamos ter plena consciência do que nos estamos propondo a fazer. A caridade começa na preparação de nossas firmezas, banhos de ervas e rituais de fortalecimento, e vai até reconhecer se estamos suficientemente equilibrados e discernir se estamos aptos a ajudar outras pessoas no dia da gira. Isso significa que, cuidando de nossa saúde espiritual e mental, cuidamos de nós mesmos para, então, cuidarmos do próximo.

Tenha a certeza de que, ao atingirmos esse nível de consciência, tudo se torna melhor e mais proveitoso, seja por meio de uma incorporação mais firme, seja pelos ensinamentos que aprendemos com os mestres espirituais ou seja pela alegria que sentimos ao termos feito um bom trabalho.

O maior ato de caridade que uma pessoa pode fazer é cuidar de si mesma para que se torne melhor a cada dia.

INCORPORAÇÃO, UM CAMINHO EVOLUTIVO

Um dos grandes benefícios da mediunidade de incorporação é o estabelecimento de uma relação mais íntima com o espírito do guia incorporado: sentir sua energia, conversar, saber quem é, conhecer sua vida, sua história...

Norberto Peixoto (2011), em seu vídeo *A incorporação está ultrapassada?*, fala sobre a importância dessa faculdade no trabalho mediúnico com os espíritos desencarnados e que, embora existam técnicas mais atuais e sofisticadas, a incorporação ainda é muito importante para a mediunidade.

No entanto, ainda vemos muitas pessoas que correm terreiros* apenas para descarregar e tremelicar, perdendo a

---

* A expressão "correr terreiro" se refere à ideia de uma pessoa que visita muitos terreiros diferentes. Essas visitas podem ser motivadas pela curiosidade do indivíduo ou fazer parte de uma busca por uma casa espiritual. [NE]

oportunidade de desenvolver-se mediunicamente e conhecer seus mestres.

Ter uma relação de parceria e de troca com esses poderosos espíritos, honrá-los e respeitá-los como seres superiores que vêm para ajudar em nossa escalada evolutiva é o que fará com que o médium se atente aos conselhos recebidos e aos caminhos que deve percorrer para ser uma pessoa melhor, mais equilibrada, mais responsável e apta ao trabalho espiritual.

Desde que seja feita da forma correta — respeitando as doutrinas e direcionamentos dados, não em qualquer hora, de qualquer jeito ou lugar —, incorporar também é uma via poderosa de evolução.

ESCOLHENDO UMA CASA ESPIRITUAL

Já adulto, na primeira vez em que entrei em uma casa espiritual, fiquei impressionado com o lugar. A receptividade dos irmãos, o altar, a música tranquila propícia à meditação, o cheiro de defumador, tudo me encantou. O cheiro de defumador é algo inesquecível! Sinto até hoje quando me lembro daquele momento. Toda a organização do culto, desde a alvura das roupas, saias e panos até o som forte dos tambores, tocou fundo em meu coração.

Essas sensações provocadas pela casa espiritual deixam o visitante completamente deslumbrado, trazendo-lhe, por impulso, a falsa certeza de que aquele será o lugar em que ele viverá pelo resto da vida.

No entanto, quando estamos dispostos a entrar para a vida espiritual, não podemos deixar que o emocional seja o fator decisivo de nossas escolhas. É fundamental participar dos trabalhos do templo na assistência por algumas semanas e analisar as pessoas e os procedimentos; descobrir se a consulta com as entidades agrada; conversar com o dirigente ou sacerdote da casa; entender como tudo funciona; e, se tudo estiver de acordo com seus valores e objetivos de vida, saber os requisitos para entrar na corrente.

Depois que a pessoa entra para a corrente, vê como as coisas realmente são e como ocorrem até o início dos trabalhos. As pessoas são falhas, mas uma casa espiritual exige respeito, dedicação e responsabilidade. As entidades, além de aconselhar, muitas vezes, também cobram, amorosamente, que se tenha o devido comprometimento com a espiritualidade. É nesse momento que o deslumbramento dá lugar à frustração, afastando aqueles que adentraram no culto levados pela emoção.

Ser médium e frequentar uma casa espiritual é coisa muito séria. Deve-se analisar a alternativa com cuidado para que, no futuro, permaneça a lembrança do cheiro do defumador e de que aquela foi a melhor experiência de sua vida.

SARAVÁ, DEFUMAÇÃO!

E por falar em defumador... sabe aquela hora em que o dirigente da casa grita: "Saravá, defumação!"? Adoro cheiro de fumaça!

É nesse instante que o coração dispara, as pernas balançam e a energia se amplifica. Mesmo tendo passado por esse momento inúmeras vezes — e sabendo que passaremos por inúmeros outros —, cada trabalho nos traz uma sensação, um aprendizado e uma energia diferentes.

Fazer parte, entregar-se durante a gira, ouvir as cantigas, sentir o cheiro do defumador, tudo isso faz com que o momento se torne único em nossas vidas e na vida daqueles que nos visitam nos dias de trabalho espiritual.

Só existe uma única coisa que não muda: sempre terminamos a gira com a sensação de dever cumprido.

reflexão IV

Quando a gente deixa o julgamento de
lado e entende que cada ser é único,
encontramos uma parte de nós que
um dia fomos forçados a suprimir.

ENTRE FOLHAS E RAÍZES

Troque suas folhas, mantenha suas raízes.

— Victor Hugo, 1850 —

Refletindo sobre essas palavras, voltei ao tempo quando entrei para o culto de exu. Eu era uma árvore do final do outono; restavam algumas folhas, aqui e ali, desgastadas pelo tempo e pelas experiências vividas até aquele momento.

Mas a raiz... essa estava intacta! Nossa essência não pode ser mudada, comprada ou trocada; ela apenas existe, permanece dentro de cada um de nós, mostrando quem realmente somos.

Nessa época, senti a força do sagrado em minha vida. Recebi o chamado e percebi a luz; a procura chegava ao fim. Minha fé me levou ao encontro de minha essência primordial. Percebi que as folhas estavam se renovando e as feridas, se curando. As mágoas deram lugar ao perdão, e um novo mundo — mágico, encantador — se abriu diante de meus olhos. Tudo o que era antigo já não me servia mais, e uma nova perspectiva surgiu.

Enfim, encontrei o que minha alma procurava, o que meu espírito tanto clamava: minha poderosa e amada Quimbanda. Ancestral, tribal e sagrada!

RADICALISMO NECESSÁRIO

Durante a transição, algumas pessoas perguntam-nos o porquê de tantas mudanças radicais. Trata-se de uma questão de ancestralidade, que nos leva ao caminho que devemos seguir, mostra-nos a forma como desejam ser cultuados e nos aproxima das egrégoras que se afinam com nossa história.

Essas são práticas e doutrinas que se harmonizam e que possibilitam o crescimento evolutivo — necessário e eficaz — para vencermos esse mundo cão.

Na verdade, em meio ao caos, buscamos a sustentação da luz obscura, o encontro com o mestre exu disposto a nos mostrar os passos em um mundo sombrio e a nos guiar na escalada obscura.

Além disso, também tentamos encontrar um mestre encarnado que nos respeite como iguais e que nos transmita todo o conhecimento necessário para que honremos e respeitemos tudo o que a espiritualidade conduz.

Ser radical, na verdade, é viver uma cegueira religiosa e permanecer imóvel, não evoluir, como seres entorpecidos pela inércia. Mude você também.

SALVE A QUIMBANDA!

CRENÇA LIMITANTE

Quando lhe pediam silêncio,
de repente ele gritou mais alto.

— Augusto Cury, 2004 —

O quão realmente dispostos estamos para adentrar o culto de exu e lutar pelas mudanças necessárias em nossas vidas?

São muitos os que sucumbem diante do preconceito, dos olhares julgadores do amigo, do familiar ou de outros desavisados que não conhecem a Quimbanda. Enquanto permitirmos que conceitos deturpados sobre nossa crença invadam tantas mentes, nunca seremos capazes de enxergar os fatos como são.

Não sejamos tolos ao ponto de nos limitarmos por nossas crenças. A sabedoria é o único meio de conhecermos a verdade e iniciarmos um longo e doloroso processo de libertação.

> O Portador da Luz é uma força não estática que motiva a imaginação, o intelecto e a evolução espiritual. Ele desperta-nos para a realidade de escravidão, dor e alienação [a] que somos submetidos vida após vida. (COPPINI, 2015a, p. 232)

Não procure a luz para usá-la como instrumento de vitimização. Não use essa busca para se colocar em uma posição de "pobre coitado que sempre precisa de ajuda". Tenha fé em sua crença e em seus mestres, pois eles sempre lhe mostrarão o caminho da libertação.

LIBERTE-SE!

Partindo do princípio de que "libertação" denota "pôr-se em liberdade", e que esta é a "condição de quem é ou se sente livre", vemos em exu um agente que atua em nossas telas mentais, desacorrentando nossos traumas, vícios e conceitos religiosos deturpados — que, de alguma forma, nos contaminam, desvirtuando nossos sentidos e prejudicando nossa caminhada evolutiva e o nosso sonhado senso de liberdade.

Em exu e seus mistérios, o jugo que nos é imposto se rompe mediante sua força e forma de atuação. Seu poder ígneo é capaz de consumir nossas fraquezas, reavivando aquilo que temos de melhor, nossa essência mais pura: a energia primordial que nos permite andar nos labirintos da loucura e apreciar paisagens bizarras sem que nos contaminemos com as sandices dos devaneios.

É essa força titânica que nos direciona, nos livra deste mundo ilusório e, acima de tudo, nos livra de uma das armadilhas mais perigosas: nós mesmos.

LAROIÊ!

reflexão V

A expressão da morte simboliza o
renascimento e o início de um novo
ciclo. Debaixo das asas negras
de Maioral, protegido de todos os
inimigos, já não podem tocar aquele
que renasceu para vencer!

VOCÊ SABE PEDIR?

Você é livre para fazer suas escolhas,
mas é prisioneiro das consequências

— Pablo Neruda —

Já parou para pensar o que pediria diante de um mestre de Quimbanda?

Temos muitos sonhos, desejos e somos constantemente bombardeados por inúmeras informações que só dificultam a nossa tomada de decisão. Se não tivermos um filtro para discernirmos o que é mais proveitoso, colocaremos demasiada energia em algo que não somará em nossas escolhas.

Por falar em escolhas, tenha em mente que elas determinam nosso futuro. Isso não significa que não falharemos em algum momento, mas que fazer as escolhas certas é ter a consciência de que nossos desejos devem estar em consonância com o que nosso espírito anseia.

Devemos saber pedir, saber agradecer e saber aceitar as consequências de cada uma de nossas decisões. Esse é o primeiro passo para a grandiosa vitória e para a felicidade tanto desejada.

Quando estiver diante de um mestre de Quimbanda, pense que está a um passo de mudar o rumo de sua vida. Qual será a sua escolha?

IMEDIATISMO MODERNO

> O imediatismo é a derrota cotidiana
> que alimenta a frustração vitalícia.
>
> — Jean Carlos Sestrem —

Ninguém quer ouvir que em uma próxima encarnação será o cara mais bem-sucedido da face da Terra, nadará no dinheiro e terá uma vida abastada. Definitivamente, não! As pessoas que vêm à casa espiritual querem resultados imediatos e buscam soluções sobrenaturais para mudar suas vidas. Tudo precisa acontecer "agora", e bem rápido.

Aí vem a pergunta: qual preço você está disposto a pagar? Esse valor seria pago em dinheiro, estudo, dedicação, lealdade, respeito, trabalho braçal ou o quê? O que você tem a oferecer?

Se não se identifica com essas perguntas, você não está preparado para seguir no caminho da iluminação. Tudo na vida tem um preço, e com exu não é diferente. Sua última moeda, seu bem mais precioso, sua lágrima, sua gota de suor, sua hora sem dormir, meditando e batendo-cabeça para seus mestres, isso, sim, fará as coisas acontecerem em sua vida.

Não se deixe dominar por atitudes e pensamentos desmotivadores que tendem a ressaltar seus medos e seu lado mais fraco. Não permita que o imediatismo moderno, o desespero e a ansiedade atrapalhem sua caminhada na estrada da iluminação. Busque a força de seus mestres exus e pombagiras e peça a eles ensinamentos que o farão entender o real significado de sua trajetória nesta vida.

Assim, tenha a certeza de que a dedicação e a lealdade a exu, além de conduzi-lo ao caminho da vitória, farão com que você se sinta, pense e aja diferente. Afinal, você é único, escolhido por exu, e, necessariamente, precisa ser diferente da massa.

SEJA DIFERENTE DA MASSA

> Na sua vida tudo vai depender da maneira como você vai enfrentar os seus desafios. Quem entra com medo vai se transformar em mangue, quem tiver coragem e determinação vai virar mar.
>
> — Roberto Shinyashiki, 2008 —

Querer uma vida diferente exige atitudes diferenciadas. Agir da mesma forma o levará sempre ao mesmo lugar!

Acordar cedo, trabalhar, estudar e cultuar os mestres: essa é uma rotina produtiva pré-estabelecida na mente da maioria desde sempre. Quantos fazem isso diariamente? Agindo igual aos demais, por que você seria diferente? Alguma vez você se perguntou qual é o segredo dos guerreiros bem-sucedidos?

Eles vão além! Fazem o que todos fazem, mas colocam paixão e dedicação em tudo. Nesse contexto, ir além significa fazer mais, se esforçar mais, estudar mais para não ser como todo mundo. É preciso ser o melhor.

"As oportunidades multiplicam-se à medida que são agarradas." Esse ensinamento de Sun Tzu, publicado em seu livro *A arte da guerra*, vem ao encontro do que mais vemos nos dias de trabalho espiritual: pessoas pedindo emprego, sucesso e caminho a exu. No entanto, essas mesmas pessoas não conseguem ver as oportunidades passando diante de seus olhos, pois estão perdidas em meio a tantos problemas que se tornam inertes e não conseguem se concentrar no mais óbvio: a solução. Perdem a oportunidade de agarrar a mudança e elevar suas vidas a outros patamares; perdem o poder da transformação e continuam estagnadas no erro e na mediocridade.

Exu não compactua com mentes derrotadas. Por mais que esses poderosos espíritos queiram nos ajudar, o primeiro passo rumo à solução sempre será o nosso. Se desejamos ser diferentes da massa, não podemos agir como ela; nossas atitudes precisam ser a dos guerreiros, e nossos pensamentos, o das pessoas bem-sucedidas.

Por maior que seja o gigante, precisamos estar sempre prontos para a batalha.

UM MUNDO DE POSSIBILIDADES

Quando um médium diz "pede ao seu exu para me ajudar" ou "quero passar com aquele exu porque ele trabalha muito", na verdade, ele está desrespeitando sua própria coroa. Não confiar em seus próprios mestres para a resolução de seus problemas é ineficaz e desrespeitoso para com eles.

Toda relação é pautada pela confiança, e com os nossos mestres não seria diferente. Exu está atento a todas as demandas e adversidades da vida de seu filho, no entanto, é importante que este assuma uma postura de guerreiro, de combatente, e que assuma as devidas responsabilidades e arque com consequências de seus atos.

Não terceirize os problemas a outros espíritos. Busque, no fundo de sua alma, a força e a confiança necessárias que o farão ressurgir das cinzas.

Acredite e confie naqueles que cuidam de você e que estão a todo momento direcionando a sua vida. Às vezes, o silêncio de exu é um indicativo de que é você quem deve começar a fazer a sua parte, o seu papel de parceiro nessa relação. Tente dar o primeiro passo e veja um mundo de possibilidades se abrir diante de seus olhos. Certamente, as soluções surgirão e os problemas desaparecerão como em um passe de mágica.

Confie em sua ancestralidade! Você não precisa ser carregado no colo por seus mestres, mas pode, sim, caminhar ao lado deles.

INSTINTO GUERREIRO

Ainda que monte um cavalo virado para a cauda,
ele continuará a caminhar para a frente.

— Provérbio cigano —

O instinto guerreiro nos dá a determinação e a capacidade necessárias para sermos quem queremos e chegarmos onde desejamos.

Acreditamos que a poderosa força de exu beneficia aqueles que o cultuam com discernimento e respeito. Com isso, não nos referimos a uma moeda de troca — uma oferenda por um desejo realizado. Mil vezes, não! Não se barganha com exu! Não se brinca com exu! Somos agraciados pelo que fazemos e pelo que buscamos, pelo equilíbrio que a alquimia negra nos possibilita. Somos abundantes e felizes, pois servimos ao senhor do movimento e dos caminhos.

O instinto do guerreiro de exu impulsiona o indivíduo a olhar sempre para a frente, para os novos caminhos que a vida lhe proporcionar. O passado não pode nem deve causar danos, mas ser encarado como aprendizado; o futuro é apenas um vislumbre do que objetivamos. Não se atenha a ele; é do presente que devemos cuidar e zelar. Nossas escolhas e estratégias de hoje é que determinam como serão os dias que se seguirão.

DESPERTE, GUERREIRO!

Independentemente de Marte, Shiva, Ogum, Exu ou qualquer deidade ou força, você tem o poder de decidir os rumos de sua vida.

Use as forças a seu favor. Ative o estigma do guerreiro em você, trave as batalhas e as lutas necessárias para alcançar seus objetivos e vença com honra.

Você, e apenas você, pode decidir como será seu novo ciclo.

O meu será excelente!

CELEIRO DE ILUSÕES

Vivemos em um grande celeiro com pessoas adormecidas. Estamos em um mundo ilusório — ainda que tenhamos uma natureza belíssima, o sistema vigente impede a contemplação dessa grandiosa criação.

Todavia, a atuação de nossos mestres nos deixa ativos e despertos para a realidade espiritual. Eles tiram o véu que nos cega e que, muitas vezes, nos impede de adentrar o mundo oculto e encontrar nosso verdadeiro eu e nossa essência mais pura.

Tudo o que o sistema vigente oferece é a cura de uma doença superficial, satisfazendo os desejos apenas de nossa matéria. No entanto, a doença mais profunda — a doença da alma que desperta um sentimento de vazio, de busca incessante pela verdade e pelo sentido da vida — só pode ser curada por meio do encontro com o sagrado, com seu eu interior, com seus medos e com seus pesadelos.

A força de nossos mestres exus e pombagiras acende a luz enegrecida que nos permite explorar os abismos mais ocultos de nós mesmos, curando as feridas e revigorando nosso ser, fazendo emergir uma nova criatura apta a guerrear pelo que lhe é de direito — sem a ilusão de antes, com os olhos abertos e atentos à realidade das coisas.

Que a força da primeira encruzilhada de fogo traga renovação mental e psíquica! Que a luz de sua santidade Maioral resplandeça em nossos caminhos!

reflexão vi

Resistência é uma força que se opõe
a outra, que não cede. Louvar exu é,
acima de tudo, acender a chama da
resistência dentro de nós, deixar de lado
o conformismo e ir em busca daquilo que
desejamos com todas as nossas forças.

ORAÇÃO A SEU ZÉ MALANDRO DAS SETE ENCRUZILHADAS

Andarilho da noite cujos mistérios adentram as sete encruzilhadas da vida: fé, amor, conhecimento, justiça, lei, evolução e geração.

Permita-me, nesta hora tão escura, repousar todos os meus medos, anseios e desejos em um de seus mistérios.

Creio, fielmente, que venceu os caminhos tortuosos em que andou nas sete encruzilhadas que a sorte lhe lançou.

Para que eu não sofra em nenhuma delas, o senhor sempre estará comigo: na minha frente, nas minhas costas, na minha esquerda e na minha direita.

Seu amparo me sustenta, seu punhal corta todas as mazelas e, embaixo de seu chapéu, estou protegido de todos os meus inimigos.

Acendo a chama negra que ilumina minhas encruzilhadas e clamo por sua presença nesta hora em que todos os dados foram lançados.

Na certeza de que o senhor me honra, me protege e me guarda, repouso meu corpo cansado e me entrego à plenitude de seu amor.

Guie-me e restaure minha fé.

Não permita que eu perca minhas esperanças.

Guie-me no caminho do amor.

O amor pelo sagrado fortalece minha existência.

Guie-me e ensine-me os conhecimentos ocultos.

Que a sabedoria adentre meu eu.

Guie-me no caminho dos justos.

Que eu não me perca em meio às mentiras perniciosas.

Guie-me pela lei da Quimbanda.

Que eu não receba a punição severa de meus inimigos.

Guie-me nas sendas do abismo.

Não permita que o choro da alma me prenda na angústia da involução mental.

Guie-me pelos vales sombrios.

Não permita que eu fique perdido em meus labirintos psíquicos, desvitalizando meu ser.

Que seu poder e plenitude alcancem meus sete sentidos, consumam todas as fraquezas e tragam a transformação na matéria, na alma e no espírito.

Que assim seja e assim será.

Salve, sr. Zé Malandro das Sete Encruzilhadas!

reflexão VII

Mesmo a malandragem tem seu código de honra. É na mesa de jogo que se conhece quem é quem: os amigos e os inimigos. Mas saiba que os inimigos não apunhalam pelas costas.

REFERÊNCIAS BIBLIOGRÁFICAS

BARBIERI, Alan. *Sabedoria de Umbanda: lições para a vida que aprendi com os guias.* São Paulo: Arole Cultural, 2018.

COEN, Monja. *Zen para distraídos: princípios para viver o presente com harmonia.* 4. ed. São Paulo: Academia, 2018.

COPPINI, Danilo. *Quimbanda: o culto da chama vermelha e preta.* São Paulo: Capelobo, 2015a.

_____. *Quimbanda: fundamentos e práticas ocultas.* São Paulo: Capelobo, 2015b.

_____. *Práticas de Quimbanda.* São Paulo: Via Sestra, 2019.

CUMINO, Alexandre. *O sacerdote de Umbanda: mestre, discípulo e liderança.* São Paulo: Madras, 2015.

_____. *Exu não é o Diabo.* São Paulo: Madras, 2018.

CURY, Augusto. *Nunca desista de seus sonhos.* Rio de Janeiro: Sextante, 2004.

EVONLINE, Equipe. *Simbologia das cores*. Disponível em: https://www. evonline.com.br/simbologia-das-cores/. Acesso em: 2 ago. 2020.

FORD, Michael W. *A Bíblia do adversário*. São Paulo: Via Sestra, 2018.

GALHARDI, Dirceu Bastos. *A cor preta na cromoterapia e na vida*. Disponível em: https://revistaterapiaholistica.com.br/2014/12/02/cor-preta/. Acesso em: 2 ago. 2020.

HANSON, Rick. *O cérebro de Buda: neurociência prática para a felicidade*. São Paulo: Alaúde, 2012.

OXÓSSI, Diego de. *Desvendando Exu: o guardião dos caminhos*. Mairiporã: Reino de Exu 7 Facadas e Pombagira Cigana, 2015.

PATEL, Neil. *Significado das cores no marketing: benefício da psicologia das cores*. Disponível em: https://neilpatel.com/br/blog/significado-das-cores/. Acesso em: 2 ago. 2020.

PEIXOTO, Norberto. *A incorporação está ultrapassada?*. Porto Alegre: YouTube, 2011. Disponível em: https://www.youtube.com/watch?v=nJT3dV5uhMk. Acesso em: 2 ago. 2020.

PIACENTE, Joice. *Sou Exu!: eu sou a luz*. São Paulo: Madras, 2013.

SARACENI, Rubens. *Os arquétipos da Umbanda: as hierarquias espirituais dos orixás*. São Paulo: Madras, 2014.

_____. *Livro de Exu*. 8. ed. São Paulo: Madras, 2015.

_____. *O Guardião da Meia Noite*. 22. ed. São Paulo: Madras, 2016.

SHINYASHIKI, Roberto. *Sempre em frente*. São Paulo: Gente, 2008.

Este livro foi composto com a
tipografia Calluna 11/16,5 pt e impresso
sobre papel pólen soft 80 g/m²